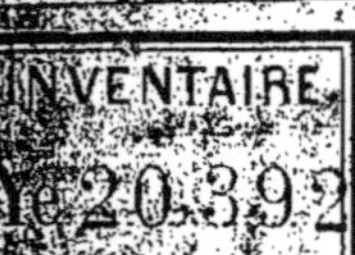

LE

Dix-neuvième Siècle

Satire

PAR Th^re. RUF**N.

J'ai dit la vérité, c'est le tort qu'on me trouve;
Que m'importent les sots si la raison m'approuve.
L'Auteur.

ROUEN,

F. BAUDRY, IMPRIMEUR DU ROI,

RUE DES CARMES, N°. 20.

1836.

LE
Dix-neuvième Siècle,

Satire,

PAR Th^re. RUF**N.

J'ai dit la vérité, c'est le tort qu'on me trouve :
Que m'importent les sots si la raison m'approuve.
L'Auteur.

ROUEN,

F. BAUDRY, IMPRIMEUR DU ROI,

RUE DES CARMES, N°. 20.

1836.

UN MOT.

Tout écrivain critique qui se propose de fronder les vices et les erreurs des hommes, doit toujours avoir en regard la raison et la vérité. Consciencieux dans les moindres émanations de sa bile en courroux contre son espèce, il se doit faire ces questions : Qu'est-ce que la vérité? La vérité n'est que la personnification de ce qui a été, de ce qui est, et de ce qui est présumé devoir être toujours, considéré sous le double rapport physique et moral; puissance qui, à proprement parler, est la nature elle-même, immortelle comme son auteur. Qu'est-ce que la raison? La raison est le nom appellatif, ou, si l'on aime mieux, la désignation commune de la portion d'intellect moral dont les hommes sont rationnellement doués : phare qui souvent nous éclaire trop tard sur nos actes et sur nos prévisions; faculté trop chancelante, graduelle, perfectible, qui varie selon les individualités, et qui n'excède jamais les bornes que l'éternel a imposées à l'espèce, pour l'équilibre du grand tout.

J'ai adopté dans cet opuscule une prosopopée qui aura des contradicteurs ; mais j'ai pensé que cette figure convenait à mon sujet, et qu'elle servirait à développer mon argument. Les vices des hommes ne peuvent être jugés plus solennellement que par les lois qu'ils enfreignent.

J'entends dire à quelques esprits irréfléchis et superficiels, qui veulent tout asservir au moule de leurs conceptions à la mode : A quoi bon cette forme didactique, la raison, la vérité? Ces êtres moraux et abstraits sont froids, employés comme figures logiques personnifiées. Je réponds à ce trait : Tout philosophe armé de la raison et de sa conscience doit, sans se lasser, dire la vérité aux hommes. Je sais que la marche des choses de ce monde, les aberrations de l'esprit, les passions, les crimes, les folies de l'espèce humaine peuvent la modifier, la présenter sous d'autres aspects ; mais le bruit des tempêtes sociales, l'activité du tourbillon des sociétés, laisseront toujours debout la conscience, la vérité et la raison, comme colonnes indestructibles de l'équilibre moral du globe.

On m'objectera la politique que je traite selon mes convictions. Mais nous ne sommes plus au siècle de Gilbert : la politique a tout changé, tout transformé dans le nôtre ; elle a fait nos révolutions, et c'est des révolutions qu'est née notre situation actuelle, soit morale, soit littéraire. Une immense émancipation a eu lieu : la forme de gouvernement, le froissement des partis, des opinions, la presse et d'autres causes diverses, ont fait de notre pays une nation presque uniquement impulsionnée par la politique. Le tems nous dira quel usage fera la France de l'héritage des révolutions.

Maints aristarques du jour vont me dire que je laisse beaucoup à désirer sous le rapport de la forme et de la pompe poétique que l'époque (si toutefois l'on peut appeler époque le tems transitoire où nous vivons), que l'époque, dis-je, réclame pour fixer l'attention. Je réponds que je n'ai employé dans cet essai que les formes qu'exige Boileau dans cette sorte de poème, et que plaidant au tribunal de la raison et de la vérité, je me sers dans leur cause du langage qui leur convient.

———

LE

DIX-NEUVIÈME SIÈCLE,

Satire.

Que Gilbert à Fréron, dans un noble délire,
Du siècle précédent adresse la satire,
J'applaudis à son zèle, à ses mâles fureurs,
De son vaste tableau j'admire les couleurs ;
Ses portraits sont empreints d'une vive énergie,
Et d'un vers bien frappé j'aperçois la magie.
Mais, en rendant justice à ces traits excellens,
Si je scrute l'auteur et ses antécédens,
De son cœur ulcéré découvrant l'amertume
J'analyse aisément le fiel qui le consume.
La vérité n'a pas toujours marqué ses coups ;
On voit que la vengeance alluma son courroux.
Il insulte à Voltaire, il souille, il calomnie
Les apôtres brillans de la philosophie,
Du goût, de la science oracles lumineux
Que les plus grands talens rendaient déjà fameux.
Tant de haine serait trop difficile à croire,
Si de Gilbert souffrant on ignorait l'histoire.
N'ayant rien fait encore, indigent, inconnu,

Implorant ces grands noms, il en fut méconnu.
De philosophe alors il brisa le diplôme,
Prit l'adverse parti, se vengea. Voilà l'homme!
L'intérêt et l'orgueil sont ses premières lois ;
Le moi, le moi hideux le transforme à son choix ;
Girouette obéissant à toutes les bourrasques,
Cire molle qui prend mille empreintes fantasques.

L'auguste Vérité, l'inflexible Raison,
Exemptes d'intérêt, libres de passion,
Pour fronder les humains ont reçu du ciel même
Le droit de s'ériger en tribunal suprême.

Devant ce tribunal comparaissez, Français!
On va juger vos mœurs, vos travers, vos excès.
Votre histoire moderne ouvre déjà ses fastes.
Dans ce livre divers combien de jours néfastes!
Théâtre fantastique, incohérent tableau,
Drame alliant ensemble et le laid et le beau,
Enigme dont le mot à chaque instant varie,
Oui, notre âge est un cours de fantasmagorie.
J'y vois régner le crime à côté des vertus.
D'un sang pur, innocent, que de flots répandus!
Vous disiez, ô Français! pleins du feu qui vous guide :
Stoïque liberté, règne, sois notre égide ;
Que l'hydre des abus se renverse à ta voix ;

Tranche d'un fer vengeur la racine des rois ;
Nos biens , notre avenir sont remis à ta garde.
Mille législateurs à faconde bavarde ,
Pouvoir improvisé sur un trône abattu ,
Transformèrent ces cris en oracle absolu.

O simulacre vain! colosse aux pieds d'argile!
Sable toujours mouvant! ô peuple versatile!
Un conquérant paraît, à front prestigieux ,
Une aigle est dans ses mains, la foudre est dans ses yeux:
Tu viens tendre les bras à tes fers qu'il apprête ,
Et du bandeau des rois tu couronnes sa tête!...
Aux bouts de l'univers tu portas tes drapeaux.
Que n'eusses-tu point fait sous ce fameux héros!
Alexandre et César revivaient dans sa race ;
Il avait leurs talens, il avait leur audace.
Mais ce vainqueur des rois, au faîte parvenu ,
Epuisant son destin fut lui-même vaincu!...

Eh bien! de la Raison entends la voix sacrée,
S'écriant : Qu'as-tu fait de cette foi jurée
Que tu promis alors au maître de ton choix?...
Des nations du Nord près de subir les lois,
Ta versatilité, ta folle ingratitude,
Sans prévoir les fléaux, la triste servitude
Que renfermait l'orage épandu sur ton front,
De Rome succombant te fit sentir l'affront!...
Tu pouvais vaincre alors en unissant tes masses ;

Tes lauriers accablés sous de rudes disgrâces,
Reprenant leur éclat aux yeux de l'univers,
Brisaient l'orgueil du Nord et vengeaient tes revers!

Que dis-je? où m'emportait mon ardeur véridique?
Muse, comprenez mieux votre but satirique.
Notre vaillante armée a fait ce qu'elle a pu;
Les destins ont trahi son courage invaincu.
Et puis ces grands objets sont hors de la satire;
Tout beau, muse, arrêtons!...Quoi! vous voulez tout dire!
Ainsi ce peuple aimable, inconstant, étourdi,
Vit l'empire en royaume aussitôt converti.
La liberté lui plut, elle fut souveraine;
Il la quitta bientôt pour reprendre sa chaîne,
Pour élire un soldat décapita son roi,
L'adora, le servit et lui manqua de foi;
Des mains de l'étranger reprit ses premiers maîtres,
Brisa leur sceptre encor, que partageaient les prêtres;
Mit sur le trône un prince, esprit modérateur,
Du règne heureux des lois comprenant la hauteur;
Mais qui va de son trône étayer l'équilibre,
Fixer le Franc qui veut mais ne sait être libre.
Politique profond, il assure ses pas
Sur ce terrain glissant qu'il ne connaissait pas.
L'avenir nous dira ce que put sa prudence
Sur les partis sanglans qui divisent la France;
Si sa parole active à cimenter la paix,

Applaudie à Berlin, contiendra ses sujets ;
Et si lui-même, enfin, quoique savant pilote,
Ne sombrera jamais en gouvernant la flotte !...

J'entends un bel esprit, poète novateur,
Dédaignant la Raison dont je suis zélateur,
Et de la Vérité raillant la voix suprême,
Dire à leur tribunal : Cessez cet anathême.
Ouvrez, ouvrez l'histoire, et voyez les Romains,
Les Grecs en république, et parmi nos voisins
Les révolutions de l'humide Angleterre,
Trois états réunis jadis toujours en guerre.
De la sombre Albion les tudesques progrès
Ne font-ils pas aimer les volages Français ?
Voyez de l'Orient les états despotiques,
Où le sabre régit des peuples fanatiques ;
Le Nord, la Germanie et leurs fastes sanglans.
Tous les peuples, enfin, perfectibles enfans,
Ont leur jeunesse en proie à de brûlans orages,
Et d'une gourme impure éprouvent les ravages.
L'âge adulte amenant bientôt leur guérison...
— Cet argument est faux, dit alors la Raison :
Petit logicien, géant de l'hyperbole,
Ce système peut plaire à la nouvelle école ;
Mais il s'anéantit sous un seul de mes traits.
Quoi ! l'homme par le sang doit marquer ses progrès ?
Et s'il coule à grands flots, s'il abreuve la terre,

Du bonheur politique il agrandit la sphère !
De l'ordre social le crime est le moteur ?
La nature frémit à ce dogme imposteur !
Non, non, l'orgueil de l'homme et son lâche égoïsme,
Sa folle ambition le mène à l'athéïsme.
Il marche sur son frère en courant au plaisir ;
Dominer est son but, sa loi seule est jouir.
Le remords, à ses yeux puérile menace !
N'est que l'effroi des sots qu'il apaise ou qu'il chasse.
La nature en son cœur réagit faiblement,
Et l'intérêt gouverne en lui le sentiment !
    La Vérité parla. Sa brûlante apostrophe
Terrassa l'Apollon du rimeur philosophe :
— Des annales du monde exposant le tableau,
Dit-elle, et de ce globe explorant le berceau,
Sous la lèpre d'orgueil qui l'infecte et le ronge,
J'y verrais accouplés politique et mensonge :
Couple adroit et rampant, né du plus noir limon,
Semence de discorde et de corruption.
Souple et mystérieux, il se glisse dans l'ombre,
D'un pôle à l'autre il va chez des peuples sans nombre
De son souffle empesté répandre les poisons,
Et, de l'homme épiant, les folles passions,
Lui colore ces mots de Fortune et Victoire,
Et fascine ses yeux des charmes de la Gloire.
Gloire, être fantastique, idéal, vaporeux,
Du faible genre humain tu captives les vœux.

Tu n'es pourtant qu'une ombre, une sotte fumée,
Tu te repais du vent appelé Renommée.
En brigands assassins transformant les mortels,
Le carnage et le sang fument sur tes autels.
Fantôme, vain appât, illusion, prestige,
Au feu de mes regards tombe votre vertige.
Pour moi la seule gloire est d'être vertueux;
Et si l'homme est né bon, ce couple frauduleux
Dénature son cœur trop facile à séduire,
Met un fer en ses mains et l'excite à détruire. —
Ainsi dit la déesse; et le sophiste ému
Ne dit mot, mais s'enfuit peut-être convaincu.

Muse, en ce vaste champ de mordante critique
Mon sujet ne peut-il marcher sans politique?
Son horizon trop vaste étonne mon regard.
En vain vous me direz qu'elle a beaucoup de part
Aux changemens subis par la grande famille,
Qu'infiltrée en nos rangs son influence y brille :
Voyons l'effet privé de nos hideux conflits.
Si des mœurs de ce siècle on doit être surpris,
Elles sont de nos tems la triste conséquence.
Le Vésuve irrité, lançant sa lave immense,
D'immondes élémens couvre un sol infecté,
Théâtre de désordre et de variété.
Après ces jours sanglans, honte de notre histoire,
Tout semblait nous promettre une solide gloire.

Le commerce, agrandi par des projets nouveaux,
Ouvrait à nos labeurs ses multiples canaux ;
Un bras ferme et puissant terrassait l'anarchie ;
L'astre de Marengo brillait sur la patrie :
On respirait enfin. Le continent soumis
Accueillait dans son sein nos arts et nos produits.
L'industrie étalant son active opulence,
De mille parvenus rehaussait l'importance.
Mercantiles seigneurs de biens domaniaux,
Du noble à parchemins ils marchaient les rivaux.
Chez Plutus on voyait leur foule bigarrée
Plus fière en ses dédains que la classe titrée,
Sotte aristocratie affichant la hauteur,
Et révélant sa fange en singeant la grandeur.

De Var, ce noble altier de nouvelle fabrique,
Pendant dix ans au moins vola la république.
De bourse et de marchés sa ruse trafiquait ;
Il fournissait l'armée, et, fraudant par brevet,
Ce vautour, dans les jeux, de sa griffe pesante
De rapines enfla sa fortune insolente.
Quel usage fait-il d'un or si bien acquis ?
Spoliant nos soldats pour gager des Laïs
Il refuse l'aumône au pauvre qui supplie,
Et ses salons dorés sont voués à l'orgie !
Mais, parmi ces objets, un objet curieux,
C'est sa femme montrant ses atours fastueux :
Vénus de quarante ans, à la taille massive,

Miracle d'ignorance et d'audace naïve.
La mode est sa folie ; elle attache à sa cour
Des amans dont sa caisse a su fixer l'amour ;
Le caprice est son dieu, briller est sa morale :
Paris est indigné du luxe qu'elle étale.
Je suis riche, dit-elle, et *mon homme* est Crésus ;
Il gagne sur les *cuirs* trois millions et plus.
Brillant empire, ô tems de gloires fugitives,
Que de gens exploitaient tes splendeurs lucratives !
Le préfet, trahissant les lois, sa mission,
S'engraissait des terreurs de la conscription ;
L'intrigue et l'or trompaient le vœu de la patrie ;
L'employé devint riche avec cette industrie,
Et l'indigent conscrit, libéré par le sort,
Remplaçait le transfuge et courait à la mort.
Trop long-tems a régné ce coupable scandale.
    De ce siècle Plutus a fondé la morale,
Morale qui consiste en ce dogme cruel :
Du mérite indigent la place est dans le ciel.
Oh ! grâce à la licence à nos Français si chère,
Pour le ciel aujourd'hui personne n'y croit guère ;
Et quoiqu'envers la foule on en cèle l'aveu,
On se croit trop d'esprit pour redouter un dieu.
Pourquoi, demande Alfort, calomnier le monde ?
Que dit-il ? Être riche est ma règle profonde.
Sur le choix des moyens balancer est d'un sot ;
L'or seul est positif et le mérite un mot.

C'est par attraction qu'ici-bas tout s'arrange.
L'or cherche toujours l'or, le limon suit la fange.
Forlin dit, approuvant cette comparaison :
Le pauvre est dans l'état la fange et le limon ;
Il le faut séparer de l'or, substance pure.
En vain le philosophe, armé de la nature,
A combattu cent fois ce lâche préjugé,
Le monde lit l'ouvrage et n'est point corrigé.
    J'ai vu la vieille caste, ambitieuse et folle,
Exécrer un pouvoir qui devint son idole ;
De hauts patriciens, aux honneurs aspirans,
D'un soldat couronné se faire chambellans.
L'antichambre pour eux devenait la patrie.
De l'homme du destin telle était la manie :
Courbés dans ses palais, ces nobles sourcilleux
Chatouillaient son orgueil et délectaient ses yeux.
— Halte-là, disent-ils ; trève à votre férule.
La nouvelle noblesse a bien plus de scrupule ;
Elle a du vieux blason arboré les hochets,
Armorié ses chars, panaché ses valets,
Et pris des parchemins comme nous la chimère.
Voyez cette duchesse, autrefois vivandière,
La gloire d'un époux touche bien moins son cœur
Qu'un titre qui le fait appeler monseigneur ;
Chaque jour son jargon, qui révèle la halle,
Nous vante son palais, faveur impériale.
Ces nobles parvenus, décrassés par décret,

Ont du sceau de l'orgueil revêtu leur brevet. —
Ainsi ces grands enfans se heurtent, se déchirent,
Et différens hochets les troublent, les attirent.
Le courage brillant, les plus hautes vertus
Sont mutuellement des titres superflus ;
Des dons les plus parfaits on ne se tient pas compte,
Et la gloire de l'un fait de l'autre la honte.
O siècle de lumière, où sont donc tes clartés ?
Élevez à grands frais des universités ;
De professeurs fameux remplissez vos écoles,
Et noyez vos enfans dans des flots d'hyperboles,
Pour arriver enfin à ce beau résultat !
Le monde social est un piteux combat
Où les lutteurs sans frein, refusant Dieu pour juge,
De la religion méprisent le refuge.
On est insatiable, et l'on n'a jamais tort.
Je ne vois à cela de terme que la mort.

O faible cœur de l'homme ! abîme inextricable !
Dit encor la Raison ; cet animal instable
(Car ainsi l'appelait Boileau, mon noble fils)
Sera toujours le même. Arrêtons et poursuis.

L'empire s'écroula, ce fut bien autre chose !
Quel pêle-mêle affreux ! quelle métamorphose !
Qui pourrait exprimer les transformations
Qu'exercent sur les mœurs tant de réactions ?

Sur les débris confus de l'immense édifice,
Du sort capricieux triompha la malice.
Le nouveau maître avait d'éprouvés serviteurs
Dont il fallait payer l'exil et les malheurs ;
Il les prit pour l'aider à porter sa couronne,
Les accabla d'honneurs, les plaça près du trône.
Tel commandait hier, qui, forcé de fléchir,
Dans la foule aujourd'hui ne peut plus qu'obéir.
Alors, ce fut alors qu'en ce destin contraire
On vit des intérêts se déclarer la guerre,
Armer la calomnie et ses poisons secrets.
Mes yeux ont trop long-tems vu de lâches Français,
Par esprit de parti délateurs implacables,
Au pouvoir ombrageux vendre des misérables.
La discorde et l'enfer enflammaient les esprits ;
L'ancien droit s'arma contre les droits acquis ;
Notre pays devint un champ de représailles.
A peine sortions-nous de terribles batailles,
Qu'en un combat bruyant, de l'Europe entendu,
Chacun redemandait ce qu'il avait perdu.
La modération, un doux tolérantisme,
Devaient guider l'essor d'un généreux civisme.
La Raison, mais envain, dans ce nouveau hasard,
Alléguait du destin l'inévitable part.
Des partis mécontens les passions altières,
Au lieu de les unir divisaient leurs bannières,
Et la France nouvelle, hostile aux vieux abus,

Par le droit du plus fort vit ses droits confondus.
Celui qui, dans l'exil, avait passé sa vie,
Touchait le prix du sang versé pour la patrie,
Et contestant des droits à son orgueil gênans,
Insultait nos soldats mutilés et sanglans.
Rien n'expose mieux l'homme aux regards philosophes
Que ces coups opposés, ces grandes catastrophes :
Renégats des partis, sans foi pour vos sermens
Je vous ai vus ramper sous des dieux différens.
Un royalisme outré, que la vengeance irrite,
Donnait aux parchemins ce qu'on doit au mérite.
La noblesse était tout, et les vieux noms sans choix
Par octroi du pouvoir absorbaient les emplois.
Le guerrier mendiait sa chétive existence.
L'étoile de l'honneur, ce prix de la vaillance,
Ce symbole du sang, des civiques travaux,
S'obscurcissait au sein de ces visirs nouveaux.
Tel parle de pudeur, tel exalte son ame,
Qui, dans le fond, souvent n'est qu'un Thersite infame.
Comment porter sur soi le prix de la valeur,
Lorsque tout vous dément, tout, jusqu'à votre cœur?
Signalons cette fraude, honteuse simonie
Que l'instinct populaire a justement flétrie.
Pour tuer le principe on a créé l'abus;
Dans sa source trompé l'ordre n'existe plus.
Quand d'un bien mal acquis on est propriétaire,
Quel dieu pourrait forcer le public à se taire?

Par l'éclat d'un ruban notre orgueil est flatté ;
Mais le mépris le suit s'il n'est point mérité,
Et chacun dit, voyant certaines croix paraître,
C'est être décoré, ma foi, de ne point l'être !
    Auguste Vérité, devant ton tribunal
Un sincère discours ne peut être fatal.
J'ai dit que je voulais m'établir ton organe ;
Qu'importe qu'un tartufe à son gré me condamne.
L'homme de vrai mérite, en consultant son cœur,
De mon pinceau hardi jugera la candeur.

    Il est d'autres travers que ce bon siècle étale.
Des vices de notre âge abordant le dédale,
Tant d'hommes différens à moi viennent s'offrir,
Que ma muse effrayée aurait peine à choisir :
Caméléons nouveaux, personnages machines ;
De prétendus Colbert cités pour leurs rapines ;
Favoris gouvernant des rois souvent trahis ;
Profonds hommes d'état basculant les partis,
Dans les réactions cherchant leur équilibre,
Et sur nos libertés tirant à gros calibre ;
Des jésuites hardis rentrant de tous côtés,
Envahissant le sceptre et partout redoutés ;
D'habiles financiers, calculateurs iniques,
Procustes s'emparant des affaires publiques ;
Des ministres d'un jour se carrant au forum,
Et dépouillant demain leur altier décorum.

Sur ce terrain fécond laissant courir ma plume,
De mes portraits frappans je ferais un volume.
Mais Phébus de ses dons m'a restreint le trésor,
Et dans un vol moins haut a borné mon essor.

   Traduisons au grand jour Grichot le publiciste,
Apôtre du progrès et jadis terroriste.
Chaque jour à nos rois il prescrit leurs devoirs,
Et ne sait rien encor au jeu des trois pouvoirs.
Qu'on lui donne un emploi, sa faconde varie,
Et sur Machiavel il rêve la pairie.
Arbrun, ce député prude républicain ;
Quitte sa sinécure et s'en repent envain.
Sa leçon au pouvoir lui vaut une disgrâce ;
Mais il s'est fait ventru pour ressaisir sa place.
Dulamont au forum parle contre la loi ;
Mais il votera pour, il songe à son emploi.
Son intérêt privé, voilà sa grande affaire ;
Qu'importe son mandat, il vise au ministère.
Chambre des députés, sénat rival des rois,
Élu du tiers-état, organe de ses droits,
Ton titre cependant doit faire assez comprendre
Que délégué du peuple on ne doit pas se vendre.
Les boules de Sofal ont un succès complet ;
Il arrive à son but, il est nommé préfet.
Raffle, tout gorgé d'or, ne veut plus de richesse.
Servir l'état, dit-il, convient à sa vieillesse.
Un aveugle scrutin fait triompher un sot ;

Pendant cinq ans, au centre, il dort et ne dit mot.
Harpon, gros financier, ignorant politique,
Réforme en ses projets la fortune publique.
Dépréciant l'argent par des plans tout nouveaux,
Il veut priver l'état de nombreux capitaux.
De Foy, ce grand tribun, Thillot se croit l'émule;
Envain il bat ses flancs, il n'est que ridicule.
Cicéron de province, au palais encensé,
Creux bavard au forum, il se trouve éclipsé.
Des ministres, Dherbin, vénale créature,
En moderne Stentor a crié la clôture.
Chez ces puissans du jour il dîne avec éclat,
Et c'est en s'engraissant qu'il remplit son mandat.
La députation est aujourd'hui de mode;
Elle est pour l'égoïsme une route commode.
Duchaumont et Grandet, amoureux des honneurs,
Implorent avec feu la voix des électeurs;
Ils prônent leur conduite; ils vantent leurs systèmes.
S'agit-il de l'état? Non, il s'agit d'eux-mêmes.
Mais par les électeurs leurs vœux seront déçus;
Car, bien que pour élire ils ne se pressent plus,
Envers le bien public de tems ils sont avares,
Et plus ils sont nombreux plus leurs votes sont rares.
　　Cependant la tribune est jusqu'en nos salons;
On y plaide à grand bruit les droits des nations.
Louis, pour gouverner, emprunte à l'Angleterre
Un mode d'équilibre heureux chez l'insulaire.

Mais chez nous, peuple en proie à la frivolité,
Il mêle la tempête à la sérénité.
Le mot de liberté revient, par son prestige,
De nos goûts incertains caresser le vertige.
L'égalité nous ouvre une porte aux emplois,
Chacun veut parvenir et régenter les rois.
Le noble, le marchand, le banquier, le notaire,
L'artisan, le fermier, l'auteur, le prolétaire,
Tout est législateur ; Poupardin l'avocat,
Vrai légiste avorté, veut gouverner l'état.
Décevante manie où le français s'achoppe !
La politique règne au boudoir, dans l'échoppe.
La femme du barbier, au sein des carrefours,
Cite des députés les noms et les discours ;
Et le manant grossier qui vernit ma chaussure
Fait aussi des journaux sa plus chère lecture.
Cette fébrile ardeur est dans l'esprit français ;
Il désire avec force, il veut avec excès.
Arrive-t-il au but, tout son feu s'évapore ;
Il quitte ce qu'il a pour désirer encore.
Oui, nous serons toujours les fils de ces Gaulois
Que nous dépeint César qui leur donna des lois.
Notre humeur inquiète est, dit-il, un délire,
La soif des nouveautés a sur nous trop d'empire.
Aussi le journalisme est une mine d'or
Dont un monde feuilliste exploite le trésor.
L'esprit commun chez nous en ce goût fait merveille,

Et r'habille demain ce qu'on a lu la veille.
Bons et faibles Français, pourquoi ce long débat?
Les peuples ont toujours partout porté le bât.
Sybarites nouveaux, que la mode tourmente,
La gravité n'est point à vos goûts inhérente.
Que les chants, les combats, les arts, les riens brillans
Remplissent votre vie et séduisent vos sens.
Vous vous leurrez de mots, vous voulez tout connaître;
Vous n'avez fait, hélas! rien que changer de maître.

Un exécrable fruit des révolutions,
C'est d'étouffer en nous les douces passions.
Nos bouleversemens, nos luttes successives
Ont bigarré nos mœurs d'allures fugitives.
Protée étale moins d'aspects capricieux
Que la société n'en présente en ses jeux;
Et nos mobiles rangs, comme une onde inquiète,
Dans ce flux et reflux ne prennent point d'assiette.
Contre un sort incertain on veut se maintenir;
Le plus adroit triomphe et pense à l'avenir.
Dans ces grands changemens l'intrigant est le sage.
Le trafic est partout. Un vil agiotage
De notre être moral a desséché la fleur.
La bourse est à Paris la boussole du cœur.
Sur la rente Céphise a calculé sa flamme;
Ce jeu ruine Albon, qui n'est plus qu'un infâme,
Puisqu'il a tout perdu. Céphise à son portier

A donné le mot d'ordre, il ne doit plus entrer.
Cet artiste en faveur joue et s'opiniâtre ;
Il court incessamment de la bourse au théâtre.
Dans ses nouveaux calculs surpris et fourvoyé,
Il déserte sa troupe et s'enfuit effrayé.
Ce vieux guerrier paisible oubliant ses blessures,
Et voulant du destin réparer les injures,
Se mêle au trois pour cent ; mais contraint d'enrayer,
Il apprend qu'un soldat est mauvais financier.
Viennent d'autres joueurs dont la masse fourmille :
C'est Araminthe en deuil et mère de famille,
Qui d'une ame cupide écoute les avis ;
Elle joue : elle perd l'avenir de son fils.
Mais vient à son secours un gros agent-de-change,
Vampire-conseiller dans son désastre étrange ;
Il redresse ses plans, meut ses prévisions,
Et dévoue Araminthe aux fluctuations.
Quel est ce vieux Crésus conduit par l'avarice ?
Courbé, le corps tremblant, il entre dans la lice :
C'est Germont disputant quelques jours à la mort ;
Il vient pour ses neveux, dit-il, tenter le sort.
Aujourd'hui ce travers a gagné la noblesse ;
Ce marquis ruiné ressaisit la richesse.
L'indemnité triomphe, et ce grand *restauré*
Fait rouler des flots d'or dans ce gouffre aspiré.

La politique en bourse a le sceptre d'Eole,
Elle agite les flots de ce nouveau Pactole ;

Un mot juste, un mot faux, altère ou réjouit,
Le vent du nord élève, abaisse le produit,
Et les acteurs placés dans certain empyrée
Du Pactole chez eux mènent l'onde dorée.

En finances laissons ces hauts reviremens,
Et suivons sans arrêt les sottises du tems.

A des emplois divers si Mercure s'exerce,
Il est dieu des voleurs comme dieu du commerce.
L'antiquité peignant ses nombreux attributs,
Lui fait voler sans bruit les troupeaux de Phébus.
Non que je veuille, au moins, taxer notre industrie
D'une immoralité que rien ne justifie ;
Mais je dis qu'en ce siècle, où la religion,
Politique instrument, n'est qu'une forme, un nom,
Un fantôme échappé de nos tristes naufrages,
Les ruses de Mercure étendent leurs ravages.
Des plus droites vertus sachant prendre le fard,
L'infame banqueroute est érigée en art.
D'athéisme nourri, ce monstre mercantile
Un bilan à la main nous montre un front tranquille !
De loin traçant ses plans il sait braver la loi,
Et l'astuce profonde est chez lui bonne foi.
L'empire a signalé cette hydre clandestine
Qui d'un poignard caché souvent nous assassine.
Briller est tout. Le luxe, enivrant les mortels,

En nouveau dieu du monde a partout des autels;
Il règne accompagné du faux honneur son frère;
Mais sa pompe souvent décore la misère.
Parcourez tous les rangs de la société,
Vous y verrez le luxe à la fureur monté.
Cette soif de briller qui nous ronge et nous brûle
Baptise la vertu du vain nom de formule.

L'économiste Alveau, que sa femme a placé,
Me dit d'un ton railleur : Satirique insensé !
Du *Mondain* de Voltaire écoute la morale :
Le luxe est d'un état la puissance vitale ;
Il y fait circuler la richesse à grands flots.
Pédant réformateur, laisse là tes grands mots.
L'état doit prospérer ; le reste est illusoire.
Il faut au principal soumettre l'accessoire.
Nos maîtres ont pour but des soins plus importans
Que ces tristes vertus que tu prônes aux gens.
Lycurgue parmi nous quitterait ses chimères,
Car nous ne sommes plus au siècle de nos pères.
Le tems a tout changé. Ce précepteur des rois
A réglé sur sa marche et nos mœurs et nos lois.
Ainsi cet algébriste, heureux homme du monde,
Croit que le luxe est tout. Sa science profonde
En immenses troupeaux transforme les humains,
Conduits physiquement de la voix et des mains ;
Fait d'un gouvernement une vaste entreprise

Sur Barême appuyée et qu'un prince autorise.
Les mœurs et les vertus, mots dénués de sens,
Secondaires ressorts, entrent peu dans ses plans.
N'avons-nous pas, dit-il, nos lois contre le vice?
Et ces lois ont du crime assuré le supplice.

Qu'aisément je pourrais, étendant ce tableau,
Déciller l'œil obtus du cumulard Alveau!
Ma plume, sans efforts, l'opposant à lui-même,
Confondrait de son art l'éblouissant système ;
Lui montrerait Voltaire, une bêche à la main,
Aux champêtres travaux employant son déclin.
Et sans alléguer Rome et son immense chute,
Le luxe apparaîtrait au sein de cette lutte
Comme un fléau superbe et brillant de splendeur,
Volcan sourd et voilé d'un masque de grandeur ;
Il verrait les talens moqués et tributaires
De nos sots enrichis, autrefois mercenaires,
Ignares importans qui, d'un front dédaigneux,
Méprisent le génie et ce qui n'est pas eux.
Peuple vain et grossier pensant que tout en France
Doit fléchir, doit ramper sous l'aveugle opulence ;
Leur orgueil parvenu se hâte d'oublier
Le commis indigent et l'infirme ouvrier
Dont les labeurs constans accrurent leur richesse.
Ce travers inhumain n'est point chez la noblesse.
Aristocrates fiers, parlant d'égalité,
Aux gains de leur trafic jugeant la liberté ;

De l'éducation repoussant la lumière,
Et courbant leurs valets sous leur morgue grossière.
Passons. L'art de régner a de profonds secrets ;
Conserver entre aussi dans ses sages bienfaits,
Et ce luxe effréné, colosse mercantile,
Abâtardit des Francs l'ame fière et mobile.

. . . .

. . . .

Vos mœurs, dit la Raison, filles de ce torrent,
Attestent en morale un désordre flagrant.
L'or éclos du soleil n'est pourtant que matière ;
Il est d'un sol de feu la brillante poussière.
Le ciel le destinait à parer les vertus ;
Les avides mortels, par un coupable abus,
De ce roi des métaux pervertissant l'usage,
En font de leurs besoins et l'échange et le gage.
Le hasard et la force en dispensent les lots ;
Mais par attraction la matière est aux sots.
L'excès funeste en tout corrompt votre patrie ;
La licence y prévaut, non la philosophie.
Oui, l'arbre du progrès étendant ses rameaux
Recèle dans ses fruits moins de biens que de maux.
Les facultés de l'homme ont aussi leurs limites
Qu'en l'équilibre entier l'Éternel a prescrites.
Au-delà de leur borne est un vague sans fin
Dont l'esprit novateur entr'ouvre le chemin,

Route fatale au cœur, abîme pour qui pense :
C'est des sources du bien que naît le mal en France.
Et qué penser enfin des mœurs de ce pays
Où l'on vous dit qu'il faut être riche à tout prix ?
Où l'émulation, d'un luxe sans exemple,
Tolère le scandale, ouvre à l'intrigue un temple
Et d'un cachet honteux flétrit l'homme indigent,
Paria rebuté du riche extravagant ;
Où du corse Fieschi [1] la fille et la maîtresse
Étale en un divan son immonde paresse.
Couverte d'un sang vil tombant de l'échafaud,
Sa hideur a piqué tout un peuple badaud,
Qui paie, argent comptant, sa présence impudique,
Parce qu'elle eut l'amour d'un brigand politique.
Dans votre Babylone on m'a souvent cité
Ce scandale produit par la cupidité.
Mais parle-nous des arts, de la littérature,
Et du nouveau Parnasse offre-nous la peinture.

Auguste Vérité, pure et sainte Raison,
Flambeaux toujours sacrés de notre tourbillon,
Tel qu'un astre brillant divise la tempête,

[1] Forçat libéré appartenant à je ne sais quel parti ; auteur de la machine infernale du 28 juillet 1835. Cet exécrable assassin vivait concubinairement avec sa fille, qui fut, après l'exécution du misérable séide, marchandée à prix d'or par plusieurs limonadiers de Paris, pour être exposée, sur un divan, aux regards d'un public badaud insatiable de ces monstruosités. La force armée a contenu mainte fois la foule immense des curieux.

Vous posez la limite entre l'homme et la bête,
Limite trop fragile et que l'homme franchit,
Trompé du vain éclat des lueurs de l'esprit.
Quand la passion seule a déréglé son ame,
Qu'il a de vos rayons abandonné la flamme,
L'interrègne vous suit, vous trouble plus d'un jour;
Vous régnez, vous tombez, reprenez votre tour.
Sous les coups de l'erreur en désordres féconde,
Votre trône chancelle et lui livre le monde;
Mais saisissant bientôt votre sceptre vainqueur,
Sous des flots de clarté vous accablez l'erreur.

Ce n'est point sous vos yeux ni sous votre influence
Que du faux Apollon a surgi la naissance.
Les sectateurs grossiers de ce dieu ténébreux
Exploitent à leur guise un siècle vaniteux.
Parmi nous le théâtre et la littérature,
De la perfection atteignaient la mesure.
De cet essor brillant à bas précipité,
Notre esprit a connu sa triste infirmité.
Sur ce point bien des gens décident sans comprendre :
Ne pouvant plus monter, il fallait bien descendre.
Du règne de Louis les illustres talens,
Éclos du germe heureux des astres précédens,
Par des succès empreints d'une féconde audace,
Brûlés du feu sacré, montèrent au Parnasse.
Apollon couronna leurs écrits immortels,
Et la France à genoux leur dressa des autels.

Ils avaient fixé l'art, conquis son apogée.
Demi-Dieux, en leurs vers la raison protégée
En modèles parfaits érigeait leurs travaux ;
Et, précepteurs du goût, ils étaient nos flambeaux.
Le tems a consacré cette splendeur morale ;
Un Tiphon littéraire aujourd'hui la ravale.
J'entends Victor Hugo, son émule Dumas,
Crier à l'univers, qui ne les connaît pas :
— Les classiques ont tort ; nous aimons le génie.
Nous révérons ces noms chers à l'académie ;
Oui, mais chacun son tour ; tel est l'ordre des tems.
La rouille est attachée à ces fameux talens.
Le peuple n'entend rien à leur noble langage.
La révolution affranchissant notre âge
A nivelé les rangs de la société.
Sur ce nouveau pivot le théâtre est monté.
Écrivons pour le peuple, il saura nous entendre.
Nous n'inventerons rien qu'il ne puisse comprendre.
Laissons l'antique Pinde et les neuf vieilles sœurs
Aux auteurs décrépits prodiguer leurs faveurs.
A l'inspiration donnons une autre idole ;
Il faut un nouveau goût, une nouvelle école.
Sur la scène aujourd'hui, pour être créateur,
Il faut sacrifier jusques à la pudeur.
Que le bon sens nous raille et que la raison crie,
Qu'importe ! La raison convient-elle au génie ?
Travailler pour l'époque est un soin plus urgent ;

Soyons hommes du siècle et gagnons de l'argent.
De faciles succès combleront notre attente.
Shakspeare est un modèle, une mine abondante.
Nous pourrons, du travail évitant l'embarras,
Chez ce type trouver ce que nous n'avons pas.
Quoi qu'en dise Gilbert, à fiévreuse cervelle,
Au théâtre la prose est bien plus naturelle.
On a bien vîte un style; un rythme est par trop vain :
Cette entrave bientôt gêne un grand écrivain.
Pour tout Paris blasé quel excellent remède !
Le public vient en foule et Racine nous cède.
Le classique n'est plus; il nous faut du nouveau :
Nous serons immortels en dépit de Boileau ! —
  Voilà de ces messieurs le puissant véhicule.
La morale publique et son noble scrupule
N'a jamais balancé leur sublime dessein,
Et la licence aveugle aplanit leur chemin.

  Au moins, si la morale à l'homme nécessaire
Etait de leur cynisme un contre-poids austère!
Mais non! pour émouvoir, leur scène a tout flétri;
Ils ont secoué l'ame et n'ont point attendri.
Jamais ces vains auteurs n'ont conçu la pensée
Qu'au peuple le théâtre est un commun Lycée;
Qu'il doit être des mœurs un des premiers soutiens,
Et qu'il faut avant tout former des citoyens.
Ecole des vertus, qu'un noble exemple y brille,

La mère vertueuse y mènera sa fille,
Et le père attentif y verra sans effroi
Des mœurs dont à ses fils il a fait une loi.
      Mais Dumas me répond : J'écris pour la jeunesse,
J'en suis représentant et mon mandat me presse.
Je l'ai dit aux journaux. Législateur fameux,
Qui veut se faire un nom sifflé par nos neveux!
C'est le progrès, dit-il, vainement tu réclames.
Ha! mais Hugo nous dit : *Poète a charge d'ames.* [1]
Je prends acte et m'inscris. Armé de cet aveu,
Que je puis sans malice enchâsser en son lieu,
Je traduis cet auteur au tribunal suprême;
Sur lui de la Raison j'invoque l'anathême.
Le ciel a des beaux-arts allumé le flambeau
Pour embraser nos cœurs de l'honnête et du beau.
Tout poète opposant à Dieu même est rebelle.
Illustres fondateurs de l'école nouvelle,
Quel bien aura produit au monde social
Votre pathos hurlant, monstrueux, immoral;
Ce canevas multiple où, sans aucune adresse,
On voit confusément s'entasser une pièce
Dont l'action, sans nœud, semble aller au hasard?
Nous sommes revenus à l'enfance de l'art.

[1] Préface de *Lucrèce Borgia*, drame gigantesquement sanglant, de M. Victor Hugo. L'auteur, dans cette préface, parle de principes qu'il ne suit point, comme ces prédicateurs qui ne joignent jamais l'exemple au précepte.

Aristote pour vous n'est qu'un rêveur gothique,
Qui des bords du Léthé prêche sa Poétique.
Clio, muse sacrée et chère aux nations,
Ne se reconnaît plus dans vos créations.
Ses gestes, ses portraits changent sous votre plume
Qu'envîrait Scudéri pour brocher un volume.

Le nom fait tout ici : le précurseur heureux
Et de gloire et d'argent voit couronner ses vœux.
Il peut sans honte, après, faire une rapsodie,
Ce n'en sera pas moins une œuvre de génie.
La preuve est sous nos yeux : un fertile rimeur
Qui vend un nom avide à maint novice auteur,
Au public abusé par ce nom trop prospère
Fait choyer des enfans dont il n'est pas le père.
Tels sont nos jugemens, et l'auteur d'Hernani,
Comme premier en date, éclipse Devigny.
Le timide talent, en proie à l'injustice,
D'un jaloux monopole accuse la malice.
L'heureux premier moissonne, et l'intrigue éconduit
L'écrivain sans prôneurs que la misère suit.

Qui peut à ces auteurs mériter tant d'estime?
Purgent-ils en leurs vers les passions, le crime?
Purger les passions, le crime! Bien s'en faut!
Loin de le condamner, ils l'enseignent plutôt.
Un romanesque absurde a parcouru nos villes,
Troublé de creux cerveaux, Séïdes imbécilles
Qui, trouvant leur pâture et séduits de grands mots,

Veulent d'un drame aussi devenir les héros.
Antony furieux charme le frénétique ;
Notre époque lui doit plus d'un fou politique.
Il viole, il menace, agitant son poignard,
Et va verser du sang parce qu'il est bâtard !...
Noble conception ! belle péripétie !
Mais c'est de leurs chefs-d'œuvre une moindre partie.
Le crime enfin pullule ; on lit dans les journaux
Suicides nombreux, assassinats nouveaux.
Est-ce l'effet certain, l'inévitable suite
De cent romans guindés que le bon sens évite ?
Ou de ces drames noirs, dangereux aliment
Qui des êtres mal nés corrompt le jugement ?
  Des doctrines du jour contemplez l'influence :
Voyez nos jeunes gens raillant l'expérience,
Par esprit de progrès siffler les cheveux gris,
Et traiter de *perruque* un père et ses avis.
Sans frein religieux, à nos leçons dociles,
Les femmes ont des mœurs encore plus faciles.
L'adultère secret est chez elles bon ton,
Le plaisir une loi, l'hymen une raison.
Dans ce lien sacré, par un abus funeste,
L'argent décide tout ; on méprise le reste.
Aussi d'époux trompés notre sol est battu ;
Mais l'opprobre n'est rien, quand il est convenu.
Dramatistes nouveaux, flétrissez tous ces vices,
Si votre intérêt seul ne vous en rend complices.

Autrefois, chez Thalie on voyait les Français
Du bon, du vrai comique applaudir les succès ;
Le charme dilatant du rire de Molière
Sans peine déridait le front le plus sévère,
Et chez vous, ô Raison, sublime Vérité,
Ce grand peintre puisait sa verve et sa gaîté !
Sans cesse s'abreuvant à votre source pure,
De la nature humaine il traça la peinture.
De nos jours le comique a des ressorts nouveaux ;
Il faut, pour divertir, des scènes de tréteaux.
Ce n'est plus ce bon goût, ni cette marche heureuse
D'une intrigue élégante, active, ingénieuse,
Ces détails où l'esprit tour-à-tour reposait,
Où l'ame avec le sens aux vertus s'instruisait.
Tabarin sur la scène a remplacé Molière,
Et vend au poids de l'or sa parade grossière.
Le vaudeville en pleurs, changeant ses attributs,
Donne au lieu de marotte un poignard à Momus ;
Dans un drame à flonflons, farce sentimentale,
Il chante en sanglotant une ignoble morale.

De notre poésie achevons le tableau,
Et suivons les détours du Permesse nouveau.

La morale, chez nous, tient pour maxime sûre
Que la société dans la littérature
A son miroir fidèle et son expression.

Comment tracer aux yeux la contradiction,
Le contraste frappant qu'on voit régner entr'elles?
Rien de plus opposé n'excita nos querelles.
Dans ses affections le siècle est positif;
Il brûle pour l'argent d'un amour exclusif,
Et l'on ne conçoit pas l'emportement burlesque
Qui nous rend follement épris du romanesque.
De la vie idéale aimant l'illusion,
Le peuple a des romans la vaine passion.
Mélodrame sanglant, vaudeville folâtre,
Tout roman lui convient joué sur un théâtre.
Scribe établit sa glose et disserte en riant
Sur ce point effleuré dans son discours chantant,
Quand Momus lui donna le fauteuil scientifique,
Trône acquis des refrains de sa muse cyclique.
C'est un homme d'esprit, peintre en petits tableaux,
Et dont la miniature effaçant ses rivaux,
A la ville, à la cour attire l'affluence.
Le peintre a du pays saisi la ressemblance,
Et chez lui du couplet naissent les millions.
Mon propos égaré m'appelle : revenons.
Tous les dons sensitifs qui sont notre partage
S'usent par l'action d'un dévorant usage.
La nature a chez nous son mode organisé,
Mais son ressort moral est sans doute blasé.
Notre ame vibre encor, mais aisément s'émousse,
Et nos cœurs, pour sentir, ont besoin de secousse.

Il a fallu dès lors un levier plus puissant
Pour remuer en nous ce dégoût languissant.
De là notre mépris pour la juste nature,
Dans nos productions la forte enluminure,
L'effort luxuriant que l'on nomme progrès.
La science en travail trouve d'autres effets ;
Mais le cœur n'est pour rien dans ce faux grandiose,
Et l'on s'y sert du mot sans admettre la chose.
Euterpe avait besoin de ce secours bruyant
Pour donner à son art ce prestige éclatant,
Ce bruit qui de ses chants rehausse la magie,
Et de nos sens flétris réveille l'apathie.
Dalayrac et Méhul bravent envain l'oubli ;
Ils ont suivi de près Rameau, le bon Grétry.
Rossini, Boïeldieu laisseront peu de trace ;
Sur nos bords c'est ainsi que tout change et s'efface.
Notre esprit semble aux yeux le vif-argent pressé,
Que le plus léger souffle a bientôt dispersé.
O France ! météore aux lueurs vagabondes ;
Océan toujours prêt à soulever ses ondes ;
Sol qu'un astre fécond darde de feux divers,
Où germent les talens et les plus sots travers :
Quel pouvoir surhumain, quelle digue certaine
Comprimera les flots du torrent qui t'entraîne !

Faut-il donc s'étonner si notre grand Rousseau,
Ce lyrique divin, cède à Victor Hugo ?

Si de son coloris l'on préfère l'amorce,
Et si le goût du jour vante ses tours de force?
Dans sa prose et ses vers le sens est torturé,
L'idiôme en tous points retourné, pressuré;
Pour accoucher d'un trope ou d'une métaphore,
Sa phrase romantique, obscurément sonore,
Prend d'un bel oripeau le masque éblouissant;
De ses romans pompeux l'absurde extravagant,
La fiction baroque et le bouffi langage,
Peignent, à ce qu'on dit, les mœurs du moyen-âge.
Ses prôneurs disent oui, la Vérité dit non.
Ce poète a du feu. L'imagination
L'enlève trop souvent au sein des sombres nues,
Et lui fait du droit sens perdre les avenues.

Enfin, de l'art d'écrire on a changé les lois;
Tout écrivain se fait des règles à son choix;
Et l'esprit novateur, transformant toute chose,
A non moins que les vers bouleversé la prose.
Bossuet, Massillon, Jean-Jacques et Pascal,
Voltaire, Montesquieu, Buffon, Vertot, Raynal,
Dont la prose élégante est si noble et si pure,
Le cèdent au pathos, au clinquant, à l'enflure.
Ce qui fut laid jadis est aujourd'hui le beau.
Le peintre boursoufflé du puissant Mirabeau,
Vouant à ce faux goût sa palette brouillonne,
Fait du grand orateur un Milon de Crotone.

De ce torrent fangeux nous sommes inondés,
Des plus grossiers romans tous les jours obsédés.
Cet ignoble brouillard, qui couvre notre terre,
Du peuple romantique est la vraie atmosphère.

Un or pur peut briller dans un fétide airain.
Classique novateur, dans ton nouveau chemin,
Châteaubriand, tu sus admirer nos modèles,
Et dans les mêmes cieux tu déployas tes ailes.
Lamartine, en ses vers aussi religieux,
Colore ses défauts d'un éclat radieux.
Vrai lapon par le corps, géant par la pensée,
Esprit calomnié par la tourbe insensée,
Thiers, armant son burin des traits les plus brillans,
Nous peint et nos exploits et nos troubles sanglans.
Béranger, à la fois l'élève de Tyrtée
Et fils d'Anacréon, à ta lyre vantée
Mon vers de quelques fleurs adresse le tribut.
J'ai dit ce que je pense; et c'était là ton but
Quand, malgré le pouvoir, tu fis tes belles odes.
Le vrai peut dans sa langue employer divers modes.
O toi chez qui le faux est toujours abhorré,
Delavigne, en ton cœur brûle le feu sacré !
Partout dans tes écrits brillent ses nobles flammes.
Pourras-tu croire, hélas ! que les plus douces ames,
Célimène surtout, qui hait tant les pervers,
Pour goûter l'athéisme abandonne tes vers,

Érige en bel esprit l'assassin Lacenaire [1],
Dont la fange imprimée enrichit le libraire ?
C'est digne encor du siècle, il faut en convenir.

Espérons, Delavigne, un plus juste avenir.
Chaste amant de Thalie, épurant notre scène
Où ta muse énergique a charmé Melpomène,
De ton sage pinceau les brillantes couleurs
Eclipseront toujours d'imprudens novateurs.
Mais je t'entends me dire : Ils régneront encore,
L'hydre du mauvais goût pour long-tems nous dévore.
La Raison.... A ces mots, le couple solennel
Devant qui je parlais : Nous attendons du ciel
L'ordre de mettre un jour les choses à leur place,
Et de ces vains auteurs nous sifflerons l'audace !

[1] Horrible assassin, auteur d'innombrables meurtres, lequel reçut une éducation distinguée, et se refusant au travail, croyait que la société lui devait de l'or sans rien faire. Cependant il faisait des vers où il prêchait l'athéisme ; il est auteur d'un recueil de poésies que les libraires vendent fort cher, et qui se débite singulièrement.